The Geordie J

by

Andrew Elliott

Illustrated by Scott Dobson

© 902833 50 2

1971

Published by Frank Graham,
6 Queen's Terrace, Newcastle upon Tyne NE2 2PL

Printed by J. & P. Bealls Ltd.,
Gallowgate, Newcastle upon Tyne, NE1 4SA

FOREWORD

This booklet provides a light hearted glimpse at some well known Bible stories.

No deliberate attempt is made to convey the message that is to be found there, although occasionally it does break through.

I hope these stories will be received in the spirit in which they have been written.

Some day the opportunity may arise for a more serious Geordie approach . . . . . who knows?

A.E.

ADAM AND EVE

Ivvor been te Paradise? "Nee sich place," ye say. That's wheor yor wrang. The bus went throo Paradise on the way te Blaydon Races, and it's still theor. Aa knaa cos Charlie Adam used te live theor.

Noo Charlie's fether deed when he wez a bairn and he wez browt up by eez muthor in Akkieson Road. It wez a job to myek ends meet, aa can tell ye!

When he left schyeul he got a job with a local shop. It wez one iv them "Help Yorsel" affairs. At forst he helped at the check oot packin bags. Syeun he wez promoted te fillin shelves and stampin prices, and afore he knaad wheor he wez he wez myed sooporvizor.

Noo thor's one thing aboot bein sooporvizor – apart from deein nowt ye git aal the porks – the extras, ye knaa. Ivvory Saturda neet he put the broosed froot intiv a bag and tyeuk it hyem.

"Tyek the broosed froot", the boss wad say. "It winnet keep till Monda – but nyen iv the gud stuff mind".

Ivvory Saturda neet when he got hyem he emptied the bag on the tyeble. Eez muthor wez as excited as a bairn at Christmas. She sorted it oot and decided whaat kind iv puddin te hev on Sunda.

Wey ye knaa whaat happens! Thor's aalwis sumbody jealous, like Eddie Rattler that worked in the syem shop. He nivvor did like Charlie, speshully when he saaw him gittin on, and when he wez myed sooporvizor that wez the last straaw. He wez detarmined te dee Charlie doon one day.

Mind neebody liked Eddie Rattler – not even the boss. He wez a propor trouble myekor. The' caalled him Snakey ahint eez back.

Noo it see happens that one Monda mornin a new lass starts in the check oot. The' caaled hor Evelyn – Eve for short.

Strite away she tyeuk a fancy te Charlie, and Charlie te hor. That's not sorprisin cos forbye bein a gud lukkor she wez a nice lass.

When she got te knaa Charlie a bit bettor she started te chaff him, speshully on Saturda neets. As he myed eez way oot wi the bag iv broosed froot she wad say, "Whaat hev ye got for is toneet Charlie? Hair spray? Talc? Nylons?"

"Nowt", Charlie wad say chaffin back. "If ye want owt, buy it . . . . Aa'll tyek yor munny".

"Haddaway", Eve wad say. "Ye cud easy slip a bottle iv hair spray intiv yor bag. Neebody wad knaa".

"Oh stop yor chaffin", Charlie wad say with a laugh, and off he wad gan.

Noo Snakey wez nivvor far away watchin eez chance.

"Why not try him with a bit iv froot?" he said one day te Eve. "He waddent tyek hair spray, but he waddent be abuv tyekin a bit iv froot".

Eve wez fair riled. "Charlie's not like ye," she sez. "Ye wad rob your aan granny".

"Aa'll bet ye", sez Snakey.

"Reet, yor on", sez Eve.

Next Saturda when Charlie cyem oot it wez the syem aad chaff. Then Eve sez, "A fat lot ye think iv me. Aa've been heor for six weeks and ye've nivvor givvin is see much as an apple gowk".

Charlie just laughed and said nowt, but next week when he wez sortin oot the broosed froot he got eez eye on sum nice Bramleys. He lyeuked roond te see if onnybody wez waatchin and slipped them intiv a bag.

"Divvent say aa nivvor give ye nowt", he sez te Eve on the way oot.

Eve lyeuked intiv the bag. She wez horrified. "Charlie", she sez. "Ye diddent tyek them!"

"Axe nee queshtuns and aa'll tell ye nee lees", he sez.

"But Charlie ye diddent . . . . !"

She lyeuked see upset that Charlie sez, "Whaat de ye tyek me for? Tyek them hyem and myek a nice puddin".

"Wey aa cannot use aal these", she sez lyeukin relieved. "Tyek sum for your mam".

Charlie went hyem and emptied eez bag on the tyeble as usual.

"Wheor hev these Bramleys cum from?" sez eez mam.

"From the shop", sez Charlie.

"But thor's nowt wrang wi them", sez eez mam.

"Aa knaa", sez Charlie. "But thor's sich a glut the boss towld is te help mesell".

That's the trouble when ye tell one lee; ye hev te tell anuthor te cover it up!

Aa suppose nowt mair wad hev happened but the varry next day Charlie's muthor meets the boss.

"Charlie's deein weel", he sez. "He's a credit te ye, Mrs. Adam."

"Mebbies he is," she sez. "But we hev a lot te thank ye for . . . by the way, thank ye for them Bramleys".

Bramleys ? ? ? . . . .

Next mornin Charlie wez in the boss's office, and the whole story cyem oot. Eve wez caalled in and when she realised whaat hed happened she sobbed hor heart oot. She said it wez aal hor faalt and tell't the boss aboot Snakey's bet. Snakey'd gyen too far this time. He wez sacked on the spot.

Noo the boss diddent want te sack Charlie but whaat cud he dee? A sooporvizor's got te be trusted aal alang the line and if he's pinched once hoo de ye knaa he winnit pinch agyen?

"Charlie hinney", he sez. "Aa's sorry te say yor finished heor but aa'll tell ye whaat aa will dee. Aa've wanted te build up ootside orders for a lang time. Ye gan oot and git orders. Aa'll pay ye a flat rate and commission".

"Eve", he sez. "Ye can stay. Yor a canny lass and ye meant nee harm".

"It wez aal maa faalt", she sez. "And if Charlie gans, aa gan . . ." and she did.

Thor wez nee mair workin togithor in the Paradise shop for them.

Wey, te cut a lang story short Eve and Charlie Adam still fancied each uthor so the' married and went te live with eez mam.

Charlie started the new job. He wez sich a likeable fella that he got order eftor order. Things went see weel that the boss bowt a car.

"Gan farthor afield", he sez. "See whaat ye can dee theor". In the' cyem, order eftor order. In fact thor wor see monny that the' opened branches at Waalbottle, Denton Born and Westerhope.

As business grew Charlie's wages grew. He bowt a hoose on the West Road and waanted eez muthor te cum, but she preforred the aad place.

The' hed a couple iv bairns, bowt a car and tellyvishum. The' waanted for nowt . . . . . . or did the'?

Thor are still sum things that munny cannot buy, and sumtimes when the' sit in front iv the culor telly thor thowts gan back to the shop in Paradise and the broosed froot.

Thor wez magic aboot them days that hed vanished wi the yeors.

Noah on the Water Spout

NOAH

Noah aalwis did fancy hissel as a sailor. Aa suppose it started when he wez a bairn. Whenivvor the' went te Whitley Bay on hallida Noah spent maist iv eez time on the waater shoot at the Spanish City. Eez muthor diddent mind; for one thing she knaad wheor he wez and for anuthor she diddent hev te wesh him ivvory neet.

When he got biggor he joined the Sea Scoots, and when he wez aad enyeugh he went te join the Navy. He got the biggest disappointment iv ees life. The' torned him doon cos he hed knacky knees and flat feet.

Nivvor mind – if he cuddent ride in ships he cud aalwis myek them. He got a job at Swaan's as a weldor and worked see hard that in nee time he wez myed gaffor.

Ye see, for Noah buildin a ship wez like buildin a cathedral. Ivvory ship wez a work iv art. He wez as prood iv each one as if it wor eez aan.

Noo ye might iv thowt that when he knocked off at five he wad hev seen enyeugh iv ships. Ye wad be wrang. He wez see keen that he bowt an aad ship's lifeboat and tyeuk it doon te the jetty at Leminton Point te fit it oot for the weekends.

Aa's not gannin te tell ye wheor he got the stuff te fit it oot with. Aal aa will say is that sumtimes when he cyem oot iv the shipyard at neet he lyeuked fattor than when he went in in the mornin'.

When the boat wez finished he set off on aal kinds iv advenshors. He even sailed te Ryton Willies on Sunda eftornyeuns.

Noah wez aalwis taalkin ships. He taalked them from mornin till neet. It becyem quite a joke. Ivvorybody chaffed him aboot it.

"Ye can laugh", sez Noah. "But one day aa'll sail roond the world".

"Haddaway", the lads said. "Ye cuddent sail roond St. Mary's Lighthoose".

If ownly the'd knaan......

We've nivvor hed the best iv wethor in the North and one day it started te rain. Neebody tyeuk nee notice at forst; the' thowt it wez a sunny shooer.

But the rain kept on and on. Before lang the cellors wor flooded . . . the buses stopped runnin . . . and then the trains. Not that that myed much difference – the' wor aalwis gannin on strike. Mind it diddent stop Noah gannin te work. Thor wez a tankor on the stocks and he waddent miss that for neebody.

Still it rained and rained . . . . . Folks started te move oot iv thor hooses te highor groond . . . Throckley Bank Top, Winlaton and Windy Nyeuk. Still it rained and rained . . . . .

"Sumthin tells me wor in for a spell iv bad wethor", sez Noah. He wez aalwis quick on the uptyek.

It still rained . . . . Folks becyem a bit narvy. On Monda mornin when he got te the yard a depeetashun wez waitin for him.

"Whaat de ye think we shud dee?" the' axed. "We canna work aal day wi wet feet; we'll get wor deeth iv cowld".

"Aa'll tell ye whaat te dee," sez Noah. "Gan hyem and pack a few things. We'll settle doon on the tankor. It'll be a bit rough but it'll save fares onnyway."

"But whaat aboot the wife and the bairns?" sez Alec Chapman.

"Bring them", sez Noah.

"But whaat aboot wor cat and Jimmie's dog?" sez Charlie Myekpeace.

"Bring them", sez Noah. "Bring them aal. Bring yor granny. Bring the kitchen sink. Bring whaat ye like."

Next day ye nivvor saaw sich a sight. The' aal torned up wi thor families. Thor wor fethors, muthors, wives, bairns, aunties, cussins, dogs, cats, pigeons, budgies, rabbits, canaries, nanny goats and even a coo and a cuddy. It lyeuked for aal the world like Barnum and Bailey's Corcus.

The lads from the Boilor Shop gathered roond and varnigh laughed thor heeds off.

"Yor laughin noo," sez Noah. "But ye'll laugh on t'uthor side iv yor fyess afore lang".

It rained and rained . . . . Ivvorybody wez gettin a bit scared noo; even the lads from the Boilor Shop.

One day aboot a quaator te twelve the tankor began te move. Nee need for neebody te knock the chocks oot te lanch it. Nee need for Geordie Corden te push it with eez little donkey injun. She just lifts strite up and off she sails – a vortical tyek off!

Noah got intiv eez wellies, put eez brolly up and went on deck. He wez a real captain noo. He lyeuked roond te see wheor the' wor gannin. Thor wez nee point in steerin cos thor wez nowt te steer with. In fact thor wez neewheor te steer tee.

The days passed by and the' settled doon. It wez just like a hallida croose. Thor wez nee work te dee so the' passed thor time playin tiddly winks and ludo.

For fowerty days it rained and rained . . . . and then it stopped as suddenly as it hed started.

Noah put doon eez brolly, tyeuk eez wellies off and lyeuked up. The sun wez shinin; not a clood te be seen.

Eftor a few days he thowt the waater must be gannin doon, but hoo cud he be sure?

"Send a duck oot", sez Jackie Brett. "And if it duzzent cum back ye'll knaa thor's dry land sumwheor".

"Trust ye te cum up with a bright idea", sez Noah. "Hes neebody nivvor tell't ye that ducks can swim?"

"Wey send a pigeon oot", sez Bob Waalkor.

"That's a gud idea", sez Noah. He sends one oot but it cums back agyen. Nee dry land yet.

A few days pass and he sends the pigeon oot agyen. This time it cums back wi summit stuck in its gob – one iv Carrick's pork pies.

"Thor's land sumwheor", sez Noah. "We'll post a luckoot day and neet".

One mornin Jackie Brett wez on luckoot. Noah hord a shoot and Jackie cyem racin doon, eez fyess as white as a sheet.

"It's a miracle", he sez. "A miracle. Thor's sumbody waalkin on the waater!"

Noah rushes up and tyeks one lyeuk.

"Ye greet daft goniel", he sez. "That's nee miracle; it's aad Grey on top iv eez moneement".

Wey te cut a lang story short . . . . the waater went doon and one neet the tankor grated on the bottom and cyem te rest.

Noah lyeuked oot in the mornin. The'd settled doon at the top iv Westgate Road just abuv the Big Lamp.

Wey thor wez nee hope iv gettin the tankor back te Swaan's but the' syeun cyem tiv an arrangement. The Cooncil bowt hor, cut holes in hor sides for windows and torned hor intiv a block iv flats.

Noah still gans te the shipyard. The' divvent laugh at him onny mair, but mind he doesn't taalk aboot sailin roond the world onny mair eithor. As far as he's concarned if he nivvor sees waater agyen it'll be syeun enyeugh.

SAMSON

Ivvorybody thinks the pop scene started wi the Liverpool lads and thor Beatle haircuts. Nowt iv the kind! The whole thing started in Bell's Close yeors afore with a bloke caaled Samson.

Noo Samson hed a hard bringin up. Eez fethor wez oot iv work for monny a yeor and thor wez nee dole i' them days. Ivvory penny coonted. That's why he nivvor went te the barbor te git eez hair cut.

Sum muthors put byesins on the bairns' heeds te cut thor hair. Samson's muthor wez varry particlar. She just hed one byesin in the hoose and hed nee intenshun iv lettin the dog drink oot iv it eftor it hed been on his mucky heed. Besides, she kept hor false teeth in it at neet.

Samson's hair just graad and graad. It becyem see lang ye cuddent hev tell't him from a lass hed it not been for eez nobbly knees.

Noo Samson wez a gifted lad – musicly aa mean. When he wez a bairn he larnt te play the knacka bones, but when he got a bit aader he tyeuk up the jaaw bone. Mind, music run in the family – eez fethor played on the linoleum for yeors.

"That's as may be", ye say. "But neebody can possibly play on the jaaw bone".

That's whaat ye think! But aa'll hev ye knaa this – Jamaicans are nee clivvorer than us and if they can play on an oil drum Samson cud play on a jaaw bone – and he did! Mind it wez nee ordinary jaaw bone. It cyem from an ass and that myed aal the difference.

Noo Samson's jaaw bone wez eez proodest posseshun. He polished it ivvory day, tyeuk it te bed ivvory neet and nivvor let it oot iv eez sight. Ivvory spare minute he practised on it. He becyem a jaaw bone vortuoso.

One Saturda eftornyeun when he wez practisin sum iv eez mates joined in. Bobby Hogg had a gob organ; Jacky Tait played on the spyeuns and Dick Barras the drums.

"Whaat aboot formin a groop and myekin a bit iv munny at the local hops?" sez Sam. That's hoo it aal started.

The' caalled thorsells the Bell's Close Clangors, got thor forst date at Leminton Store Haall and eftor that thor wez nee stoppin them. Ivvorybody waanted them from Hexham te Tynemooth. In fact Samson with eez lang hair, snaky hips and jaaw bone becyem the Tyneside pin up; aal the lasses doted on him.

Aa suppose thor wad hev been nee trouble at aal if the'd stayed on the North side iv the rivor, but the' diddent. Afore lang invitashuns cyem from the Sooth side and that wez too much for the Blaydon Boonsors. Sooth iv the rivor wez theor tarritory and the' wor hevvin nee forrinors from the North. Still the invitashuns cyem from Dunston, Fellin and even Blaydon itsell. The Clangors wor pinchin theor dates!

"It's got te stop", sez Tug Bailey the Boonsors' leader. "Thor nee bettor than us. It's the jaaw bone that attracts. Get rid iv that and thor finished".

Nee syeunor hed he said that than a plan wez myed. One neet the Clangors wor playin at Swaalwell. On the way hyem the Boonsors ambushed them on Scotswood Bridge. The Clangors put up a bonny fight. Samson laid aboot him with eez jaaw bone just as if it wor a tommyhaak. He cracked a few heads thet neet – and then he cracked the jaaw bone reet across the middle. When he saaw that he let oot a yell like a brocken hearted cuddy. The Boonsors stopped in thor tracks, torned and ran. Beaten the' might be, but the'd dyeun whaat the'd cum te dee – the'd brocken the jaaw bone. That wez the end iv the Clangors!

When he got hyem Samson sat doon and bubbled like a bairn.

"Whaat are ye bubblin for?" sez Jackie Tait.

"Aa thowt it wad hev been plain even te ye", sez Samson. "Wor finished. Nee jaaw bone nee groop".

"Haddaway", sez Jackie. "Whaat myeks ye think we cannot dee withoot the jaaw bone? Ye git up theor, shake yor heed and yor hips. Thor's sich a row neebody ivvor heors whaat yor playin. Clag it togithor with a bit iv glue man and just myek on yor playin. Neebody'll knaa nee different".

That neet at the Milvain the' did just that and it worked. It wez a blow te Samson's musical pride, but it started a new fashun – groops iv been mimin ivvor since.

The Blaydon lads wor livid.

"If the jaaw bone issent thor secret weapon, whaat is?" sez Tug.

"Wey it's obvious", sez Seppy Torner the geetar playor. "It's eez hair. As syeun as he stands up and shakes that aboot the lasses flake oot. It sends them".

"In that case we'll just hev te get rid iv eez hair", sez Tug. "But hoo?"

"Easy", sez Seppy. "Aa knaa a lass that works in the barbor's at Scotswood Crescent wheor he gans for shampoos. Leave it te hor – she'll fix it".

Noo the lass's nyem wez Delilah. She wez a reall fetchor. She cud charm a spuggy oot iv a tree. She hed Samson on a string in nee time. In fact he tyeuk hor te the pictors twice in the forst week and bowt hor chips as weel.

Delilah just bided hor time.

One day the Boonsors opened the pyeppor and theor wez an annooncement aboot a posh do at the Aad Assembly Rooms, and whee de ye think wez doon te play . . . . The Clangors!

Noo that's the tops; ye can git nee highor than that. Git te the Assembly Rooms and yor in wi the Toffs.

"Noo's yor chance", sez Seppy te Delilah. "He's sure to cum in for a shampoo. Kid him he needs a trim as weel, and then – ye knaa!"

Sure enyeugh on the day iv the do Samson cums in.

"It's a varry speshul occasion", sez Delilah. "Aa think it caalls for a trim as weel as a shampoo".

"Aalreet", sez Samson. "Just a little'n te please ye. Just a snip mind".

"Shut yor eyes and leave it te me", sez Delilah. "Aa promise ye that when ye open them agyen ye winnet knaa yorsell".

For once she tell't the truth. When he opened eez eyes he wez as baald as a badger.

Wey that wez the end iv the Bell's Close Clangors. The Boonsors stepped intiv the Assembly Rooms at the last minute and wor myed for life.

And Samson? Ye cannot keep a gud man doon!

Ivvor hord iv the skinheads? Whee de ye think started them?

DAVID AND GOLIATH

Ye've hord aboot the Lambton Worm. Wey this chep kept it as a pet and nivvor bowt a licence.

"Why?" ye say. Ye might weel axe.

This chep wez the biggest bloke aa've ivvor seen; ye nivvor saaw nowt like it. He had greet big hobnail byeuts; legs like tree trunks; wez as high as the Shot Tooer and crooned ivvorythin with a clooty cap – and he wez as nasty as he wez big.

"Whaat's that got te dee wi hevvin nee licence?" ye axe.

Ivvorythin! Fowerteen cheps went te collect the licence in fowerteen months and not one iv them cyem back. Whaat happened te them aa divvent knaa. Aal aa can say is he started a rag and bone business and neebody wad gan near. The' diddent want te be part iv it.

Wheor this greet big bloke cyem from aa divvent knaa. Roomor hed it that he follered the brave Sor John from the Holy Land – onnyway, eez nyem soonded familiar – "Go-Liath". He set up hoose in Windy Nyeuk, built a worm kennel at Penshaw Hill and neebody wad hev bothered him if he haddent bothered them.

Ivvory neet eftor dark he tyeuk eez worm for a waalk. He cyem doon ower the brow, torned reet at the High Street and waalked strite doon Bottle Bank te the rivor. Ivvory neet the worm hed a drink and ivvory neet the tide went doon.

"Nee harm in that", ye say.

Mebbies not but that wezzent aal. The worm used te eat as weel as drink and woe betide if ye'd left yor moggy oot for the neet. It waddent cum hyem in the mornin. It wezzent just moggies that disappeared eithor – theor wez dogs and hens and pigeons and one or two cuddies as weel.

Noo Gyetshead folk are a canny lot, but the'll just stand see much and see much time cyem.

One neet Meggie Weathorley's Porshun Tom went oot and diddent cum back. That did it!

She drew up a petishun, collected fower hundred and thorty-three nyems and went te the Toon Haall.

Noo the Mayor iv Gyetshead's a canny fella and he promised te dee sumthin aboot it – and he did. He caalled the Cooncil and the' passed a motion banishin Go-Liath from Gyetshead sine die . . . and that wez that!

"That wez whaat?" ye axe. "Whaat's sine die?" Meggie diddent knaa but it soonded gud. Go-Liath diddent knaa cos he still cyem. Ivvory neet the tide went doon, the boats wor stranded and the cats and dogs disappeared.

Noo Meggie hed one son – Davy. He'd emigrated. He worked at Leminton Glass Works and cum hyem at weekends. One Friday neet he went intiv the Bluebell as usual and dooned a few Broon Ales with eez marras. Then the argyen started . . . . "Sunderland; Newcassel United; Hughie Gallagher" – nowt wez missed. And then it cyem; it hed tee; it aalwis did – "Windy Nyeuk and Go-Liath".

"Why ye put up with him aa divvent knaa", sez Davy. "If aa lived heor aa'd myek short work iv him".

"Ye and whee's army?" sez Geordie Myekpeace, and the' aal started te laugh.

Noo if thor's one thing Davy cannot stand it's bein laughed at.

"Neebody's army", he sez. "Aa'll dee it aal mesell."

"When?" sez Geordie.

"Nee time like the present", sez Davy. "Aa'll dee it in the morn".

Next mornin he wakened up tiv a lood knockin. Eez heed felt like a stairheed.

"Whaat's aal this aboot Go-Liath and ye seein him off?" sez eez mam.

"Oh that?" he sez.

"Ay that. Yor marras are doonstairs waitin te tyek ye te Windy Nyeuk. Wey aa've tell't them yor not gannin; it wez the beor taalkin, not ye".

"But mam, aa'll hev te gan; aa sayd aa wad", sez Davy.

Oot iv bed he jumps, puts on eez britches, byeuts and body shart. He wez riddy for action.

He waddent hev lang te wait. Sumhoo word hed aalriddy got te Go-Liath. So he jumps oot iv bed, ties the worm te the bed post and sets off doon the hill.

"Whaat are ye gannin te stop him with?" sez eez mam. "Tyek maa dolly pegs and hit him ower the heed".

"That's nee gud", sez Jonty Sutherland. "Tyek a claze prop and poke eez eyes oot".

"Mam, thor's just one thing aa dee want", sez Davy. "Givvis one iv yor stotty cyeks" . . . . and off he went.

At the top iv Bottle Bank he waited for Go-Liath. He hed-dent lang te wait – a couple iv steps and Go-Liath wez theor.

"That's far enyeugh", sez Davy. "One mair step and aa'll spreed yor nose aal ower your fyess".

"Ye'll whaat?" sez Go-Liath. "Ye cuddent spreed a dollop iv jam ower a puddin" . . . . and he laughed till the groond shuck.

Noo if thor's one thing Davy cannot stand it's bein laughed at, so he tyeks oot the stotty cyek, puts it in eez catapult and lets flee. Whaat a shot – reet between the eyes!

For a moment Go-Liath stud theor gyappin, then he swayed like a tree struck by lightnin and doon he cyem. Ower and ower, doon the Bank he rolled flattenin hooses and netties and hen crees and splash – intiv the Tyne he went – and baa Gox, diddent the tide cum in.

Wey the' cuddent leave him theor; he blocked aal the traffic.

The' sent two tugs from Palmers, tugged him doon te the mooth iv the rivor, covered him ower wi cement, stuck a light in eez gob and caalled him Sooth Shields pier.

And Davy? He'll be Mayor iv Gyetshead one day, cos neebody's dyun mair for the toon than him.

Think aa'm kiddin? Gan and see for yorsell. The hooses are doon. Thor buildin Gyetshead agyen.

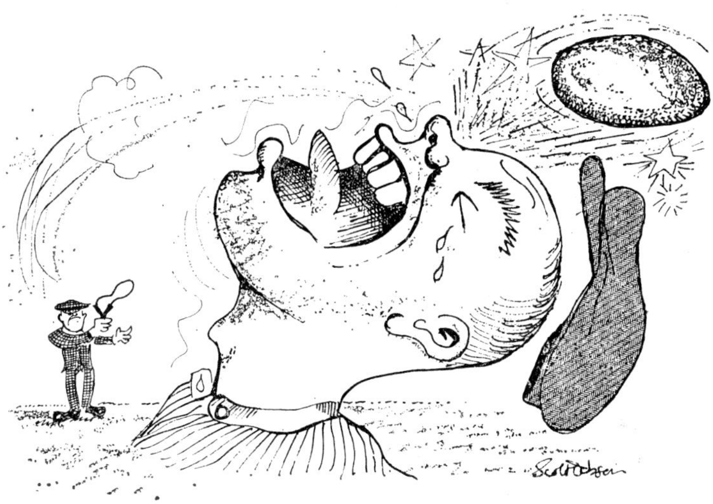

DANIEL

Daniel wezzent varry partial te forrinors. That's why he wezzent impressed when Geordie Wilson showed him one iv them colored brochoors from the Carefree Travel Agency.

"Why worry aboot yor halidays?" it said. "Let us dee yor worryin. Cum te sunny Spain".

Inside wor aal kinds iv bonny pictors – posh hotels, gowlden sands, bonny brollies te keep the sun off, te say nowt iv the lasses lazin aboot or plodgin in the waater.

"Lyeuks aalreet", sez Dan. "But not for me thanks. Aa divvent trust them forrinors".

"Listen whee's taalkin", sez Geordie. "Daniel the travellor; browt up in Seaton Born and nivvor been farthor than Seaton Slush. Whaat de ye knaa aboot forrinors?"

"Aa knaa this", sez Dan. "Fower yeors ago wor Bessie went te the Isle iv Man. She stopped theor for a whole fortneet and despite aal the byeuks she nivvor saaw one single fella wi three legs on. That's forrinors for ye".

"And aa knaa this", sez Geordie Wilson. "Aggie Timmins and hor man went te Spain last yeor and the' hed sich a gud time thor gannin back agyen this yeor".

Noo that wez sumthin. Afore last yeor Aggie Timmins and hor man had nivvor been farthor than a caravan at Warkworth.

Wey Daniel wez nee stick in the clarts so he decides te hev a bash – not withoot precaations mind ye. He'd hord aal aboot the waater and the food in forrin parts so he tyeks sum iv eez aan. He packs six bottles iv Tizor (nee broon ale for him; he wez a Seaton Born Rechabite) – fowerteen tins iv peas puddin, sum tins iv saveloys and last but not least sum aniseed baalls, black bullets and jaw stickor for the jorney. (For the benefit iv the iggorant jaaw stickor is hyem-made treacle taffy from Becky Broon's shop at the corner).

"Place yor luggage on the weighin machine", sez a slip iv a lass at the airport. Daniel puts eez luggage on and doon it gans with a bang.

"Whaat's aal this?" she sez sharp like.

"Luggage, whaat de ye think?" sez Dan just as sharp.

"Weel aa's sorry", she sez aal sarccy. "Yor travellin on an aeroplane not a battleship. Tyek aal that and ye'll nivvor leave the groond".

Daniel cud see it wez nee use argyin so he tyeks oot the Tizor, peas puddin and saveloys. But iv one thing he wez detarmined – he wezzent leavin the aniseed baalls, black bullets and jaaw stickor behind. He stuffed them in eez pocket.

The flight wez ower in nee time and at the hotel a dapper little fella tyeks him tiv eez room.

Daniel tyeks one lyeuk – thor wez a bed, a wardrobe, a wesh byesin and a little window lyeukin oot on tiv a stone waall.

"Thor's been a mistyek", sez Daniel. "It's nee biggor than wor scullory. Ye cuddent swing a cat in it".

"Thor's been nee mistyek", he sez. "This is yor room, tyek it or leave it".

That did it! Daniel wezzent gannin te be taalked tee like a forrinor so he draaws hissel up and sticks oot eez chest like a deppity. "Aa want te see the managor", he sez.

The little chep wez off like a shot and afore ye cud say "Pity Me" the managor wez theor in the room.

Daniel tyeks oot the broochor and shoves it under eez nose.

"Is that yor pub?" he sez pointin at the pictor.

"That is our . .er . . . hotel", sez the managor, swanky like.

"Wey lyeuk oot iv that window", sez Dan. "Wheor's the sand? Wheor's the sea? Wheor's the brollies?"

"Ye can hardly expect te see them from a back room", sez the managor. "Surely even ye can undorstand that".

Daniel wez fair riled. "Lyeuk here," he sez. "Aa may cum from Seaton Born but aa's nee fyeul. Aa knaas me rights. That's yor byeuk; that's yor pictor and thor are nee back rooms in that pictor. Aa want a frontun".

"That's impossible", sez the managor. "The frontuns hev aal been tyeken".

"Just as aa thowt", sez Daniel. "Aa aalwis said ye cuddent trust forrinors. Wey ye hevvent hord the last iv this be a lang chaalk. When aa git back hyem aa'll see that neebody else cums heor from Seaton Born – or from Newcassel for that mattor – or England. Aa'll hev a word wi Ted Heath. We kicked ye oot iv Gibraltor. We'll syeun see ye oot iv heor".

As syeun as he said Gibraltor the managor changed.

"Thor's nee need te git excited", he sez. "Aa'm sure we can accommodate ye . . . . Gonzales! . . . . tyek Mr. Daniel te the ancillary premises and see that he's proporly lyeuked eftor".

"Noo yor taalkin", sez Dan. "That's mair like it".

In cums Gonzales, picks up the luggage, leads him doonstairs and opens a door at the end iv the passage.

"Eftor ye sor", he sez.

In waalks Daniel, the door slams behind him and the key torns in the lock.

"Let's oot", shoots Daniel. "Let's oot!"

Gonzales just laughs. "Pleasant dreams", he sez. "See ye in the mornin – mebbies".

The room wez pitch dark. Daniel groped roond for a switch but foond nyen. Mind the dark diddent worry him; he'd worked doon the pit for twenty yeors. He settled doon in a cornor. It wez caad but thor wez nowt else te dee.

When he wakened up it wez just gettin light. He syeun foond he wezzent alown. In the far cornor wez sumbody else aal wrapped up in a forr coat.

"Lucky beggor", thowt Daniel. "Aa cud dee with a coat mesell; it's paaky in heor".

He lay quiet a bit langor and then the uthor bloke began te storr . . . . Uthor bloke! Beggor me it wez a greet big lion!

Daniel diddent knaa whaat te dee. The' kept a whippet at hyem but he'd nivvor met a lion.

The lion stud theor – glowerin at him.

"Whaat fettle?" sez Daniel. The lion just stared. "Puss, puss", he sez. The lion still stared.

Then it began te move. It cyem nearor. Daniel panicked. He had te dee sumthin.

He felt in eez pocket for the aniseed baalls but they wor nee gud. He hoyed the black bullets, but they stotted like peas off a drum. The lion wez just aboot te spring when he lets flee wi Becky Broon's jaaw stickor. One snap and the lion stopped in eez tracks.

Ye've hord iv the five minute mint. Wey this is the five hoor taffy. The lion sat back on eez hunkors and chowed . . . and chowed . . . and chowed . . . . and . . .

Suddenly the door opens and in cums the managor full iv apologies.

"Mr. Daniel", he sez. "Thor's been a mistyek . . . . a tarrible mistyek".

"Noo whaat's he up te?" thowt Daniel. He syeun foond oot.

The managor led him te the main haall and theor wez an inspector from the Carefree Travel Agency. He'd cum te dee a spot check and myek sure that ivvorybody wez happy.

Wey the upshot wez that Daniel wez tyeken te the managor's private apartment and lived like a lord for the rest iv the week.

The inspector wez satisfied; Daniel wez satisfied; ivvorybody wez satisfied. Just one thing he missed – eez jaaw stickor on the flight hyem.

And whaat aboot next yeor – Spain agyen?

"Not on yor Nellie", sez Daniel. "Aa still divvent trust them forrinors – Seaton Slush for me!"

JONAH"

Hev ye ivvor hord iv a Methodist Plan? Wey for the benefit iv posh folks that gan te chorch and not te chepal, and even mair for the benefit iv them that gans neewheor – it's a work iv art. Why the' hevvent hanged it in the Laing Art Gallery aa'll nivvor knaa.

"Aye, but whaat is a Methodist Plan?" ye axe.

It's a greet big piece iv pyeppor draawn up by the Sooporintendent ministor te warn folk whee's gannin te tyek thor sarvices in the next three months.

Noo if yor gannin te Shields one Sunda and ye divvent knaa which, ye lyeuk at the Plan, see whee's preachin and say, "We'll gan away that Sunda".

Mind it cuts two ways. If sum chepals divvent like sum preachors, sum preachors divvent like sum chepals. Tyek Jonathan Jackson for instance – Jonah tiv eez pals. Noo his pet avorsion wez Ebenezor High Street. They diddent like him and he diddent like them. In fact last time he wez theor, oot iv sheer spite the' diddent change the waater in the pulpit, and when he tyeuk a drink in the middle iv eez sarmon he var nigh chowked. For him that wez the last straaw.

"Aa's gannin back theor nee mair", sez Jonah.

Noo one quaartor Jonah opens eez plan te see the programme and beggor me – theor he wez doon for Ebenezor High Street. He puts on eez cap, polishes eez byeuts and off he gans te see the Soopor.

"Aa see ye've put me doon for Ebenezor High Street", he sez.

"Aye", sez the Soopor.

"Wey aa's not gannin".

"Ye'll hev te gan", sez the Soopor.

"Aa'll dee nowt iv the kind", sez Jonah. "And that's that!"

Noo the Soopor wez a clivvor fella – that's why he wez Soopor – so he changes his tune.

"Jonah hinney", he sez. "Aa want ye te gan just for me. Thor taalkin aboot sellin the chepal for a Bingo Haall . . . ."

"Good riddance", sez Jonah. "Time it wez shut".

"That's as may be", sez the Soopor. "But it's got te stop. They'll tyek nee notice iv me, so aa want ye te gan and put the feor iv hell intiv them".

Noo that wez a crafty move; neebody knaad mair aboot hell than Jonah. He'd been married twice.

"Oh aalreet", sez Jonah. "Just for ye – but aa still divvent want te gan".

Noo te git te Ebenezor High Street ye've got te cross ower the farry te the uthor side iv the rivvor . . . and theorby hangs a tale . . .

Ivvory yeor Whitley Bay and Monkseaton howld a Scotch fortneet. Aal the folk cum doon from Scotland on hallida leavin the place see empty that even the fishes are lownly.

Nessy wez nee excepshun. Ye've hord iv Nessy – she's myed a nyem for horsell.

Noo it see happens this particlar yeor Nessy pops hor heed oot iv the waater and sees aal the folk myekin thor way Sooth.

"Aha", she sez. "Scotch fortneet. Wey aa's not bein left behind this yeor". So she packs hor bags and myeks hor way te the North Sea.

Noo it's bad enyeugh onnybody tryin te get lodgins in Whitley Bay durin the Scotch fortneet. It's ten times warse if yor a monstor. She tries the Tyeble Rocks Baths, but they wor too smaall. She tries the Tynemouth Pool, but that wez too caad. She wez just aboot givin up hope when she spots Tynemouth Pier. It wez var nigh dark but theor wez the pier winkin at hor aal friendly like.

"Howay roond heor, hinney", it sez. "Aa'll not see ye beat".

Nessie roonds the pier and myeks hor way up the rivvor till she gets te the bridges.

"Aa'll settle doon heor", she sez. "Thor's nowt like a bridge for keepin the rain off".

Aye, and thor's nowt like a bridge for distorbin yor sleep. Aal neet lang the lorries trundled ower the High Level and warse still, ivvory time the Swing Bridge opened it shoved hor ower the bed. One neet wez enyeugh.

Forst thing in the mornin she myed hor way doon te Pelaaw.

"This is mair like it", she sez.

She snuggled doon on the bottom fyessin upstream, hor gob wide open waitin te kop owt cummin doon. She kopt it aalreet – aal the muck from Prudhoe Chemical Works te say nowt iv the unmenshunables. Wey ye live and lorn, so she torns roond and lies with hor gob open waitin to kop owt cummin in wi' the tide. That wez bettor – reglar meals and a nice variety, garnished wi clarts from Jarrow sleck. Whaat mair cud ye axe for?

But back te Jonah. Sunda arrives and he finds hissel doon on the Quayside waitin for the farry. It cums in and he gits on, but he wezzent happy. Jonah's heed wez in a whorl.

"Ye've got te gan", sez the Soopor in one lug.

"Stop at hyem", sez the divil in t'uthor.

Aal iv a sudden, just as the farry wez castin off, he sez, "Aa's not gannin".

He tyeks one lowp ower the side, bangs eez heed on the waall, pitches intiv the waater and doon he gans.

When he cums tee ivvorythin wez black.

"Wheor am aa?" he sez. "Must be the Tyne Tunnel. Just like the Cooncil. The' start things and nivvor finish. The' might hev put a light or two in".

"Beggor me", sez Nessy. "Whaat's aa this? Whaat hev aa kopt noo? It tyests like haggis but wheeivvor hord iv a haggis wi byeuts on?"

She tries te swally it doon a bit farthor, but it waddent gan, and then she starts te bowk. She bowks . . .. and she bowks . . . . and oot shoots Jonah like a cork oot iv a bottle.

Noo Jonah wez a bit duzzy like, but he picks hissel up, tyeks a quick lyeuk roond and finds eez on the Ebenezor side iv the rivor.

"Aa divvent want te gan", he sez. "But aa's var nigh theor. It's meant te be".

He lyeuks at eez watch . . . twenty-five past six; five minutes te gan. He sets off up the hill te the chepal. He gits theor aal puffin and pantin; his legs as heavy as lead. The' wor singin the forst hymn . . . . "Art thou weary . . ?" He gans in, myeks eez way te the pulpit, says a prayer and annoonces eez text . . . . "Fowerty days and Nineveh'll parish!"

He starts quietly cos eez got nee puff, but he syeun warms up and eftor thorty minutes iv rantin and ravin he reaches the grand finalle . . . . "Nineveh'll parish", he sez. "But thor are mair parishors than Nineveh . . . . Ye sell this chepal as a Bingo Haall and ye'll parish . . . . Amen".

The' sang the last hymn and doon he cyem. In the vestry the' wor waitin for him.

"Noo for it", he sez tiv hissel, but he gits the sorprise iv eez life.

"Thenk ye for that discourse", sez Geordie Muxworthy – he aalwis said discourse, nivvor sarmon – "But afore ye gan thor's one thing aa want ye te knaa. Heor at Ebenezor we divvent hev te wait fowerty days te parish – we've been parished aal wintor. The boilor's bust, that's why we want te sell the chepal".

Wey it torns oot that Jonah's sarmon wez just whaat the' needed. Eftor that the' put thor heeds togithor, held a jumble sale, raised sum munny and put in North Sea Gas. The've been as snug as flees in a rug ivvor since.

The Methodist Plan still cums oot. Ebenezor High Street's still on it; but Jonah's nivvor been back.

Nee mair Tyne Tunnels for him.

MARY AND MARTHA

Thor's nowt see queor as folk and nowt queoror than wimmen – speshully if the' happen te be sistors. Hev ye ivvor hord iv two that diddent quaarel? The closor the' are the mair the' fight and Mary and Martha wor nee excepshun. One minute the' wor aal ower each uthor and the next the' wor hammor and tongs. Mebbies the' did it see often cos the' liked myekin up eftor.

Noo for aal the' wor sistors Mary and Martha wor as diffrent as chaalk and cheese.

Martha wez the busy one. Aalwis taalkin. Aalwis workin. Nivvor sat doon. Nee mattor when ye caalled she hed hor pinny on – polishin this, polishin that; weshin this, weshin that. She aalwis smelt iv polish and carbolic.

Mary wez the quiet one. She nivvor said much. She wez aalwis sittin with a byeuk in hor hand. If she wezzent readin a story she wez deein a crossword puzzle. If she wezzent deein a crossword puzzle she wez gittin riddy for hor Sunda Schyeul Class at Bethany Chepal.

Wey ye knaa hoo it is. If yor aalwis runnin aboot like a scadded cat and sumbody else is sittin deein nowt, it can git on yor narves. That sumtimes happened te Martha.

Tyek the mornin when Martha wez strugglin ower the poss-tub and nowt wez gannin reet. Theor sat Mary on hor hint end as usual readin a byeuk. Martha just exploded!

"Whee de ye think ye are?" she sez. "Lady Muck? Why shud aa wesh yo claze while ye sit deein nowt? Aa's not yor skivvy ye knaa".

Mary sez nowt. She just gits up, puts hor claze intiv a bag and gans oot. An hoor lator she cums back, tyeks hor clean weshin oot iv the bag, sits doon, opens a byeuk and reads.

This went on for two mair weeks. Martha myed on she did-dent notice but on the thord week curiosity got the bettor iv hor. She follers Mary oot, gans doon the High Street and – aye, ye've guessed it – theor she sees Mary sittin in the Wesheteria, readin a byeuk and waitin for hor weshin te be dyeun.

Martha storms in!

"Aa thowt thor wez sumthin gannin on ahint me back", she sez. "Aa might iv guessed ye waddent dee it yorsel. When did ye larn te drive that contrapshun?"

"It's nee business iv yors", sez Mary.

"Aye it is", sez Martha. "It's a mucky habit and aa's not hevvin muck in maa hoose. Thors nowt like dolly pegs and a poss-tub for gettin things clean".

Martha nivvor grumbled aboot the weshin agyen . . . .

– – – –

But whaat aa reely want te tell ye aboot is Chepal Anni-varsory Sunda. Mary aalwis went te chepal on Sunda mornins while Martha myed the dinnor. For Annivarsory Sunda Mary aalwis bowt a new hat cos thor wez aalwis a speshul preachor.

Noo usually eftor mornin sarvice she taalked see lang that when she did git hyem the dinnor wez dried in the oven. But this Sunda nee syeunor hed the clock struck twelve than Mary cyem bustin in as if aad Nick wez eftor hor.

"Whaativvor's the mattor?" sez Martha.

"The preachor's cummin for dinnor", sez Mary. "The' forgot te axe onnybody else te tyek him".

"That's just like the thing", sez Martha. "Today iv aal days . . . Thor's nee joint, just a bit iv shank and peas puddin".

"It'll hev te dee", sez Mary. "We cuddent send him aal the way back hyem – he cums from Shildon".

Nee syeunor hed she got the words oot iv hor mooth than thor wez a knock on the door and theor stud Neddie Maffin wi the preachor.

"Cum in", sez Mary. "Cum intiv the sittin room. Myek yorsell at hyem. Lunch'll syeun be sarved".

"Lunch?" Martha giv hor a withorin lyeuk. The'd nivvor hed lunch in hor hoose afore; it wez aalwis dinnor. But Mary aalwis cud put on a few airs.

"Aye, myek yorsell at hyem", sez Martha. "Yor as welcum heor as onny wheor else" . . . . and off she gans.

She gans upstairs and brings doon a clean tyeble cloth as white as a layin oot sheet . . . . Mary just sits.

She gits oot hor muthor's best silvor wrapped up in the "Evenin Chronicle" . . . . Mary just sits.

She peels sum tetties and puts the kettle on . . . . Mary just sits.

She gits oot the best china and puts it on the tyeble . . . .Mary just sits.

Aal this time Martha's gittin mair and mair worked up. She gives Mary sum dorty lyeuks . . . . Mary just sits.

Martha explodes!

"Insteed iv sittin theor like a post stuck in the groond ye might givvis a hand", she sez.

"Sumbody's got te entortain the preachor", sez Mary.

"Aye", sez Martha. "That's aal yor gud for . . . . entortainin. Ye've nivvor dyeun a stroke iv work in yor life. Aal ye think aboot's readin and chepal and Sunda Schyeul, while aa slave from mornin te neet myekin a home for ye . . . It isn't fair . . . It isn't . ." She breks doon and starts te bubble.

"Noo, noo", sez the preachor. "Divvent tyek on see . . . Mary's chowsen the bettor part . . ."

"Aye, she hes that", sez Martha. "Trust hor te choose the bettor part. She nivvor thinks iv neebody but horsel".

"Martha hinney", sez the preachor. "Aa knaa yor upset. Aa suppose aa shuddent hev cum withoot a warnin. But lyeuk at it this way. It tyeks aal kinds te myek a world . . . . Noo be honest! If ye'd been sat doon heor and Mary hed myed the dinnor, wad ye hev been happy? Ye knaa ye waddent. Ye wad hev been standin ower hor te see it wez dyeun proporly. And as for gannin te chepal and Sunda Schyeul and leavin ye . . . . Wad ye hev patience te teach the bairns? Ye wad skelp them ower the lug as syeun as lyeukin at them".

"Ye see, Mary hes hor ways and ye hev yors, and yor both needed. Ivvory futbaall team hes a goalkeeper as weel as a centre forward. Thor'll aalwis be them that rushes aboot and them that sits and thinks . . ."

Martha stopped bubblin and dried hor eyes.

"Aa knaa yor reet, preachor", she sez. "Aa's sorry . . . . but it wez just hevvin peas puddin and shank that reely did it".

The preacher smiled; Martha smiled and Mary smiled.

The' sat doon at the tyeble, said grace and hed a gud tuck in.

THE GOOD SAMARITAN

It aal happened yeors ago. We lived at the top iv Clumbor Street at the time. Onnybody as knaas Clumbor Street can tell ye that the road's see steep and the top's see high ye varnigh need oxygen te help ye breathe.

Roomer hes it that once upon a time ye cud see two cheps wi big byeuts on runnin up and doon, up and doon ivvory Sunda eftornyeun. Nellie Stubbins, poor sowl, thowt the'd excaped from the Big Hoose and wez see concarned that she went te the polis station te report them.

"Divvent ye worry hinney", said the sergeant. "Thor deein nee harm. It's two cheps caalled Mallory and Orvine; thor practisin te climb Moont Ivvorist".

Noo sum folk say, "Ye waddent catch me livin at the top iv Clumbor Street . . . . Whaat a climb!"

Aa aalwis say, "If it's hard te gan up it's easy te cum doon" – and it is.

Like ivvorythin else it depends on hoo ye lyeuk at it.

But te gan on wi the story . . . . .

Aa'd been te St. James' Park te see Newcassel play the Arsenal. It wez wor Cissie's borthday. Aa wanted te tyek hor te the match as a borthday present, but she had nee fancy. Wey on the way hyem aa decides te caall in the Green Market for a bunch iv flooers. It wez gittin late and the' wor sellin them off cheap, so aa got a bunch as big as yor heed.

Aa myed me way doon te the Central Station and got a tram – the trams wor runnin in them days. Off alang Scotswood Road we gans. Wey ye knaa whaat the aad trams wor like – the' swung aboot like hikeys. As we got near te Clumbor Street aa myed me way te the stairs haadin the rail wi one hand and the flooers high abuv me heed wi the uthor, when suddenly she stops! Aa just cuddent help mesell; doon the stairs aa cyem cowpin me kreels at the bottom and oot aa shoots ontiv the road.

"Git an ambliance", shoots sumbody.

"Git him a drink iv waater", shoots anuthor.

"Caall the polis", shoots sumbody else.

Aa opened me eyes and aal aa cud see wor fyesses lyeukin doon, and for aal the shootin neebody did nowt.

Then a smart chep shoves eez way throo the crood and kneels doon. Wez aa glad te see him! He wez one iv them St. John's Ambliance cheps. He'd been te the match as weel. Mind aa often wundored why the' hev them cheps waalkin roond the pitch. Thor's nowt wrang wi maist iv the folk that faint; aal the' want's a bettor seat at the front. But nivvor mind that – this chep knaad eez job. He felt is aal ower.

"Ne bones brocken", he sez. "Givvis a hand te git him into the pub".

Aa wez carried intiv the Armstrong's Arms and set doon on a chair.

"Me flooers, me flooers", aa sez.

"Flooers?" the' sez. "Whaat's he taalkin aboot?" The' thowt aa must be ramblin.

"Me flooers", aa sez. "For wor Cissie's borthday".

Sumbody went oot te find them; the' wor aal crushed and trampled in the guttor.

In the pub sumbody browt a drink and aa wez syeun riddy te move.

"Does onnybody live beside this man?" sez the John's chep.

Weel aa did see one or two nybors but they diddent want te knaa. Jimmy Jessup hed a darts match te finish. Anty Pratt hed a message te gan for the wife . . . . It's a mazor hoo busy sum folk are when ye want them te dee owt!

"Oh, nivvor mind", sez the John's man. "Just sit heor; aa'll be back in a couple iv shakes."

Sure enyeugh he wez. He got howld iv is under the oxtors, helped is ootside and theor wez eez motor bike and side car. As aa tried te git in, me inside varnigh torned ower – the side car wez just like a coffin. And the bike – it wez one iv them aad "sit up and beg" affairs.

Nivvor mind, she starts with a spluttor and off we chugs up Clumbor Street. He helps is oot at the top and knocks on the door. Theor aa stud . . . fyess aal scraped and claze mucked up wi clarts. Cissie opens the door tyeks one lyeuk and varnigh throws a fit. When she saaw the uniform she thowt aa'd been in trouble and the polis hed browt is hyem.

Wey aa syeun calmed hor doon and thanked the John's man.

Aa axed him in for a cup iv tea but he waddent cum. Aa offored te pay for the petrol, but he waddent tyek a penny. And te croon aal, just afore he left he sez, "Ye've forgotten these". And from undor the seat he browt a greet big bunch iv flooers.

Aa wish ye'd seen wor Cissie's fyess; it wez a pictor.

But that wezzent the end. Next day he caalls agyen with a bunch iv rhubarb.

"Thowt ye might be able te use this," he sez. And off he gans.

And that wezzent the end neithor. Aa wez on the sick for a fortneet and varnigh ivvory day he caalled wi summit from eez allotment – a lettuce; a few tetties; a tornip – but he nivvor cyem in; he aalwis hed sumwheor else te gan.

Wey that's hoo aa met Sam Harrington – aye, that wez eez nyem. And thor's one thing aa wad like ye te knaa – Sam Harrington wez as black as the ace iv spades – he cyem from Jamaica. And when aa heor folk as owt te knaa bettor taalkin aboot black folk as the' dee, aa just want te say this . . . .

"Divvent judge a tetty by its skin".

It's the inside that coonts and if thor wor mair folk aboot like gud Sam Harrington, England wad be a bettor place te live in.

NEHEMIAH

Ye cannot help admirin the Jews. The've aalwis hed big ideas aboot thorsells, and even when thor ideas hevvent worked oot the've nivvor been beat. Thor seems te be a stubborn streak in them. Thor born with it.

Tyek Nehemiah Jones, for instance. Eez fethor hed a paanbroker's shop in High West Street and sent him te schyeul at Ravensworth Road. One thing eez fethor aalwis impressed on him – "Nivvor gan te prayers at mornin assembly. It's nee place for a Jewish lad".

Noo little Nehemiah hed the stubborn streak and it aal soonded see sinistor, he detarmined te find the reason why.

One mornin he hid ahint the cortains in the 'ssembly haall – and got the shock iv eez young life. The' started singin aboot Jerusalem . . . .

"Bring is me bow iv bornin gowld!
Bring is me arrers iv desire!
Bring is me speor! Oh cloods unfowld!
Bring is me chariot iv fire!
Aa will not cease from mental fight,
Nor shall me sword sleep in me hand,
Till we hev built Jerusalem
In England's green and pleasant land".

So that wez thor dorty secret. The' wor plannin te pinch Jerusalem! Nehemiah tyeuk tiv eez heels and borst breathless intiv eez fethor's shop.

"Ye've got te stop them", he shoots. "Thor gannin te pinch Jerusalem". . . . and the whole story cyem oot.

Wey eez fethor laughed fit te kill hissel. Then he skelped him roond the lug for listenin and sent him back to schyeul – but Nehemiah nivvor forgot!

When he left schyeul he went te work at eez fethor's shop but he nivvor reely settled; he wanted te dee sumthin big!

Eez chance cyem eftor the war. Ye remembor aal the trouble aboot refugees gannin back te Palestine and the guvinment not lettin them in. Wey Nehemiah hed a bright idea – "Why not build Jerusalem heor?"

He nee syeunor thowt aboot it than he decided te dee it. He caalled te see the local rabbi but he wez nee help.

"Jerusalem in England?" he sez. "Impossible!"

"Why impossible?" sez Nehemiah. "The've got New York in Northumberland and Washington in Durham. . . . Why not Jerusalem?"

He wez see much in arnest that the Rabbi promised te caall a public meetin and afore ye cud say Mephibosheth the plans wor myed. Ike Jacobson offored a plot iv land just abuv the Chester Bye-pass. Josh Isaacs opened a subscription list and advortised in the Jewish Chronicle. Even if the' managed te build a little Jerusalem it wad be worth it.

"Ay, but whee's gannin te build it?" sez Reuben Bell.

"Hoo aboot Hadrian and Co. of Waallsend. Theor pretty gud", sez Josh.

"Wor hevvin nee forrinors", sez Nehemiah. "We'll keep it in the family".

"Aren't Jerry and Co. relatives?" sez Benny Wade.

"Relatives or nee relatives wor not hevvin them", sez Nehemiah. "Ye knaa whaat happened te theor toon. Forst time the rag man cyem roond and blew eez bugle the waalls fell doon".

"Aa knaa whaat", sez Rueben. "Hoo aboot wor lads that built the pyramids. They've stud weel".

"Aye, but ye've got te be deed te live in them", sez Nehemiah.

The' kept on argyen for a lang time but the' might as weel iv saved thor breath. When the munny finally did cum in thor wezzent enyeugh te build a village, nivvor mind a toon.

The rabbi caalled anuthor meetin.

"Aa propose we give up the idea and send the munny te Palestine", he sez.

"And aa propose we dee nowt iv the kind", sez Nehemiah. "Aa propose we build Jerusalem worsells".

"Impossible", sez the rabbi.

"That's the second time ye've said that," sez Nehemiah. "But aa tell ye nowt's impossible. If we can lay a brick, we can build a waall. If we can build a waall, we can myek a hoose. If we can myek a hoose, we can build a toon". . . . and that's just whaat the' decided te dee.

One Sunday mornin Ike Jacobson tyeuk them te mark oot the land and then the trouble started. Toby Saddler and Sandy Ballat hed allotments on that groond and it wez gud groond. The' grew leeks as big as lamp posts and carried off var nigh aal the prizes at the Flooer Show. Te be pushed off thor land wez bad enyeugh, but te be pushed off by Jews – that wez too much.

Still, the' hed te gan . . . . but the' warnt finished.

One day when Nehemiah and eez marras wor busy on the waall Toby Saddler cums by with a bunch iv eez cronies.

"Whaat's that yor myekin?" he sez to Nehemiah.

"A waall; whaat de ye think?"

"Caall that a waall?" sez Toby. "Wey if wor dog lifted eez leg it wad faall doon" . . . . and the' aal laughed.

Sandy Ballat wez theor and he wezzent te be ootdun.

"Whaat myeks ye think it needs a dog?" he sez. "A puff iv wind wad knock that ower".

"Wey ye shud knaa, Sandy", sez Nehemiah. "Ye live in a Cooncil hoose".

That shut him up gud and propor. Sandy wez aalwis boastin te the lasses aboot eez estate. He nivvor tell't them it wez a Cooncil Estate.

So the buildin went on, but one weekend an important lyeukin bloke in a bowler hat torned up.

"Let's see yor cards", he sez.

"Whaat cards?" sez Nehemiah.

"Yor Union cards, whaat else?" sez the fella.

"We hev nee Union cards", sez Nehemiah.

"In that case the buildin's got te stop", he sez. "Ye cannot build if yor not in the Union".

"Aa thowt this wez a free country", sez Nehemiah.

"So it is", sez the Union man. "As lang as ye dee as yor tell't".

"Wey wor not stoppin", sez Nehemiah. "And that's that!!"

Nehemiah and eez pals hed a lot te put up with in the weeks that follered – pickets, hooligans and vandals, but the' finished thor job.

A wundorful dream cyem true – "Jerusalem in England's green and pleasant land". . . . .

"Aye but wheor is it noo?" ye say.

"Oh, aa forgot to tell ye. Nee syeunor hed the' finished than the Guvinment decided te extend the motorway as far as Gyetshead and the whole place hed te cum doon agyen. But it sarved its porpus: sum folks got hyems that wad hev had nyen, and besides the' diddent dee badly oot iv compensation.

The Union Man